...y
algo
AZUL

QZA

QZA

Y algo azul...
Copyright © 2018 QZA

Diseño Gráfico y Producción: ZOOMideal
Director de Arte: Juan Carlos Torres Cartagena
Diseño de montaje: Karmen Olmo
Fotografías dentro del libro: José Bobyn
Director de producción: Arturo Morales Ramos

ISBN 13: 978-1987490503
ISBN 10: 1987490509
Impreso en Estados Unidos

- ♥ Algo nuevo
- ♥ Algo viejo
- ♥ Algo prestado
- ♥ Algo azul

Índice

Historias

DIOS, todo a su tiempo, como siempre me has dicho, la gloria para Tí. Gracias por la inspiración, imaginación y transformación de éste, Tú libro.

A mi hijo, Amar, que me dice un día: - Mami ¿qué haces? Y yo le respondí: - ¡Escribiendo un libro!

Él me dice: - ¡Ese libro estará bien "cool", porque tus historias son las mejores! Y mucha gente no sabe que tú eres "awesome".

Prólogo

Hablar de Julia Cristina Morales García (Qza), es surcar los aires de lontananza, es regresar a la realidad de la vida hablando en forma cruda y honesta. Como su profesor de Filosofía, he podido crecer conociendo su profundidad filosófica de la vida y lo decidida que ella es cuando quiere lograr sus metas y objetivos. Es una mujer sencilla y muy observadora, disfruta de tener personas que no finjan ni mientan cuando se trata de conservar una amistad transparente. Es muy honesta cuando se trata de definir el amor y la amistad sincera, ella sabe valorar lo que tiene y lo que quiere. Es una filósofa natural que ama la vida y lo expresa con toda su fuerza, con su voz alta y su expresión elocuente. Creo que al leer su fascinante libro podrás mantener tu vista fija sin parpadear hasta llegar al final de sus puntos, interrogantes, puntos suspensivos, picardías y, sobre todo, el pensamiento psicológico que te hace reaccionar al final de la Espada de dos filos...

Por el Dr. Alejandro Santana Féliz

Sintiéndome fatal

Amar resulta ser la decisión más importante y difícil de nuestra vida. Día a día conozco chicas que van rumbo al altar. Llegan con tantas ilusiones, ideas de lo que ellas piensan serán sus vidas. Unas aciertan otras no. Como dice mucha gente: "casarse es una rifa". Y yo sí puedo hablar de eso, me he casado 2 veces, "la mala salí yo, jajajá". Entonces me viene a la mente: ¿Por qué escojo tan mal?, ¿o es que tengo un letrero en la frente que dice: "necesito defraudarme?". Y como nos encontramos en un estado de negación le echamos la culpa a ellos. Así como EVA culpó a la serpiente y ADAN a EVA. ¡Qué si los hombres están *@&#%(+ !, siempre decimos lo mismo. Tenemos que asumir nuestra responsabilidad en el asunto. Las señales siempre están tratemos de que los sentimientos no nublen, ni afecten nuestra razón.

¿Te has preguntado alguna vez cómo el ser humano forma una familia, cómo tomamos la decisión de casarnos y al otro día la abandonamos? ¿Cómo firmamos un contrato que nos pasamos por donde no nos da el sol? ¿Cómo tomamos una decisión sin compromiso, sin empeño, sin intenciones de cumplir? ¿Cómo tan fácil amamos y desamamos? No hay metas, no hay sueños, ni promesas que cumplir. Cómo pequeñas cosas nos separan y cómo las grandes nos hacen cantos. Cómo nos encanta hacer rituales, hasta para la suerte. Cómo afectamos con nuestras decisiones a nuestra familia, hijos, perros, gatos y elefantes con ejemplos fatales de lo que es una familia.

¡Qué débiles somos ante el amor!

Algo azul es Dios.

¿Quién lo toma en cuenta?

Sin Él, estaremos siempre faltos de algo, puedes intentarlo, una y otra vez. Sin Él te falta algo...Algo Azul

La historia de Algo Azul

Ycomencé a escribir... siempre pasaban cosas el día de la boda: que, si el traje se encogió, el velo lo quemaron, el novio se partió un brazo, las flores no eran el color escogido, que hay inseguridad porque amenazaron a la novia. Eran cosas increíbles. Así que no quise que se me olvidaran y comencé a escribir lo que en mi presencia ocurrió y lo que ellas mismas me contaban. Wao!!! Dicen que hay mil razones para fracasar y doscientas mil para triunfar; pero aun así la gente toma la decisión de casarse, aunque estén "como locos"... Se preocupan más en todo el año por la organización de una fiesta y olvidan los pequeños detalles de su relación.

Yo trato de conversar y llegar a intimar con las futuras novias que me visitan y comienzo hacer preguntas como:

¿Dónde se conocieron?, ¿En qué trabajan?, ¿Cómo se llevan las familias?, ¿Haz tenido otros novios?, ¿Qué tiene éste que no tengan los demás?, ¿Quieren hijos? etc. ...eso lo hago el primer día que las conozco. Cuando es una novia, por lo general, esa cliente la veo más de una vez.

Me pregunto, por qué a mis amigas solteras les encanta escuchar historias de "amor" y chismosear sobre lo que anhelamos para nuestras vidas. Los sábados ya es costumbre esperar la llamada.

Siempre hago preguntas a mis clientes, me encanta saber cómo se conocieron, cómo se enamoraron, sus trabajos, edades, etc. Es para saber el grado de compatibilidad y afinidad. Jugando a la psicóloga.

A **TODAS** mis novias, no hablo de ustedes y sus vidas. Hablo de mí, de lo mucho que he aprendido con ustedes. Cada uno de esos días fueron diferentes, importantes y únicos para mí. No solo por trabajo, sino por el crecimiento y aprendizaje. Aprendí sobre el amor, la unión y nuestras decisiones.

Honrada de que me hayan escogido en su día.

Con Amor y Respeto,

Qza

Agüeros o presagios

Las bodas son un ritual para unir a dos personas. Dentro de éstos rituales se presentan presagios o símbolos. Los más comunes y más practicados en Puerto Rico son:

- ♥ **ANILLOS** - rito romano para la fidelidad (no tienen ni principio ni fin como debe ser el amor).

- ♥ **VELO** - protector de envidia y malas energías, símbolo de virginidad.

- ♥ **ARROZ O PÉTALOS LANZADOS** – prosperidad, uno de los más antiguos.

- ♥ **LA LIGA** - ritual europeo que significa virginidad

- ♥ **CARGAR LA NOVIA** - alejarla de los espíritus que se encontraban en su nuevo hogar.

- ♥ **ROPA INTERIOR NUEVA** – nuevas experiencias.

- ♥ **MARTES, NI TE CASES, NI TE EMBARQUES** - explicación cósmica Día de Venus, Diosa de la Guerra.

- ♥ **LATAS EN EL CARRO** – para hacer ruido, alejar los espíritus.

- ♥ **LAS JARRAS** – prosperidad.

- ♥ **PERLAS** – lágrimas en el matrimonio.

- ♥ **LAS VELAS**- pasar a una vida en común.

- ♥ **VER A LA NOVIA VESTIDA DE NOVIA** – mala suerte.

- ♥ **ALGO NUEVO** – la vida que comienza.

- ♥ **ALGO VIEJO** – la vida de soltera.

- ♥ **ALGO PRESTADO** – aprobación de la familia.

- ♥ **ALGO AZUL** – plenitud y fidelidad.

Votos matrimoniales cristianos

Yo ♂ *te quiero* a tí ♀ como mi esposa y me entrego a tí y con la ayuda de Dios, prometo serte fiel en las alegrías y en las penas, en la salud y la enfermedad, en la riqueza y en la pobreza. Quiero amarte, respetarte y permanecer a tu lado todos los días de mi vida.

Yo ♀ *te quiero* a tí ♂ como mi esposo y me entrego a ti y con la ayuda de Dios, prometo serte fiel en las alegrías y en las penas, en la salud y la enfermedad, en la riqueza y en la pobreza. Quiero amarte, respetarte y permanecer a tu lado todos los días de mi vida.

Comenzando por los votos matrimoniales que nos provee la misma iglesia, jueces o ministros, estos están diseñados mal, no tienen peso de responsabilidad hacia los contrayentes. Estos comienzan con las palabras "yo te quiero" a ese punto donde tomamos esta decisión deberíamos estar diciendo "yo te amo a ti". Luego vemos las palabras "y con la ayuda de Dios prometo serte fiel, etc, etc..." Deberíamos decir: "y decido serte fiel". Desde que estamos en el proceso del noviazgo son decisiones que tomamos una tras la otra, hasta llegar al altar. Dios está en todo lugar, observando lo que nosotros con nuestro libre albedrío elegimos. Él siempre está. Tomemos nuestra responsabilidad. Recomiendo que ustedes mismos escriban sus votos o aquí tienen un ejemplo.

Yo ♂ *te amo* a tí ♀ como mi esposo y me entrego a tí y decido serle fiel en las alegrías y en las penas, en la salud y la enfermedad, en la riqueza y en la pobreza. Te amo, te respeto y te respetaré, y permaneceré a tu lado todos los días de mi vida.

Así será.

Preguntas
realizadas por
Qza a cada una
de sus novias.

Ahora las puedes contestar tu.

¿Dónde conociste a tu novi@?

_____

_____

¿Cuánto tiempo llevan juntos?

_____

_____

¿Te gustó siempre o te enamoró en el camino?

_____

_____

¿La familia de él o ella, te quiere?

_____

_____

¿Quién le pidió matrimonio a quién?

_____

_____

¿Cómo lo hizo? ¿Fue creativ@?

_____

_____

¿Has tenido novi@s anteriores?

_____

_____

¿Qué tiene esta pareja que no tenían las demás?

_____

_____

¿Qué piensas del amor? ¿Es una decisión que uno toma o es algo
que sucede?

_____

_____

Consejos dados a Qza por matrimonios actualmente felices y con éxito.

♥ Tener de antemano a **Dios** en su corazón.

♥ Tengan el *tiempo* necesario para conocerse, pensar en intimidad y considerar casarse.

♥ Conocer bien los atributos para que lo **puedas admirar**.

♥ Conocer sus debilidades o **defectos** para que no te tomen por sorpresa. Alerta a esas **señales**.

♥ Tener *metas* juntos.

♥ No **dejes tus metas** ni quién tú eres, por complacer a tu pareja.

♥ Conoce a su familia y *trata* de amarlos.

♥ Espacio.

♥ Hablar de sus finanzas.

♥ Hablar de *hijos* (¿Cuándo y cuantos?). ¿Cómo lo vamos a hacer? ¿Quién los va a parir?

♥ Buscar **actividades** que les encante a los dos.

♥ Convivan (me pueden poner en penitencia por esto, por favor no digan que yo lo dije).

♥ Traten de **arreglar sus diferencias** antes de que llegue otro día.

♥ Cumplan los votos matrimoniales, **lo que se prometieron.**

♥ Siempre duerman juntos por más enojados que puedan estar. ¿y por qué no?

¡Hagan el amor!

Historias

La cátedra

Me estuvo raro, llegar a la casa del novio para arreglar a la novia. Por lo general las novias salen vestidas de su casa o de algún hotel.

No se encontraba su madre con ella. Algo muy raro y recordé que cuando ella se hizo la prueba de maquillaje y peinado fue acompañada por su suegra.

Esta boda fue un sábado, en la casa del novio. Había una muchacha que entraba y salía, ayudando a llevar cosas al local.

¡La novia la recuerdo, bien dulce, humilde y una cabellera roja hermosa! Cuando terminé, a la novia le suena el teléfono, ella coge la llamada, era su padre. Ella cuelga el teléfono. Y nos cuenta que su papá la llamó para decirle que no asistiría a su boda porque su religión no se lo permitía, él era adventista. Ella nos cuenta a mí, a la suegra y a mi asistente que ellos no van a la iglesia adventista desde que ella era pequeña. A los 5 minutos siguientes vuelve y suena el teléfono y es su mamá diciéndole que su esposo, el padre de la novia le prohibió ir a la boda.

Ella se hizo la fuerte, pero se fue a un cuarto para comenzar a vestirse.

En eso me dieron ganas de ir al baño y tuve que pasar por la habitación que ella estaba. La puerta estaba abierta y nunca olvidaré que estaba en el piso, en la esquinita de la cama llorando desconsoladamente.

Yo se lo dije a la suegra, pero ella se quedó tranquila y no fue donde ella ni nada.

Luego llega la chica que estaba ayudando con las cosas de la boda y yo como buena bochinchera le conté lo que había sucedido.

Ella rápido fue al cuarto donde se encontraba la novia y vuelve con ella y me dice: - Qza por favor puedes retocarla, quiero que se vea bien bella.

Yo le pregunto: - ¿tú eres su hermana?, ella me contestó: -No, yo soy la *ex -esposa* de con quien ella se va a casar y la mamá de la hija que tiene. Pero esta mujer trata a mi hija como si ella fuera su madre y *yo la aprendí a amar*. Ella notó que yo me quedé asombrada y me dice, no te preocupes por la pregunta yo fui un upss!!

PENSAMIENTO

Wao! ¡Que enseñanza de amor sin condiciones! Y les pregunto yo a ustedes: - ¿quién demostró ser más cristiano?, y ¿quién dio una cátedra de lo que es el amor?

"Por encima de todo vístanse de amor, que es el vínculo perfecto".

Colosenses 3:14

El Amor y el Interés

Llega esta chica muy joven y hermosa donde mí, en una feria de novias, donde yo me encontraba ofreciendo mis ofertas, para ese día especial Comienzo a maquillarla allí, como parte de la exhibición, y le pregunto que cómo conoció a su novio.

Me explica que se encontraba enferma y fue al hospital y él era uno de los doctores.

Le pregunté si le gustó desde que lo vio y me contestó que no.

Le pregunto - ¿Te fue conquistando? Su contestación fue: *No*.

Le pregunté: - ¿Y en qué momento te fuiste enamorando de él?

Me dijo: - Nena no, él no es mi tipo de hombre, el me lleva 20 años, pero tengo que asegurar mi *futuro*.

El día de la boda, las damas relajaban y decían: "Qza, ponme regia a ver si conseguimos un doctor".

PENSAMIENTO

Pobre de ella, venderse así...

"En ti se ha recibido soborno para derramar sangre; has tomado interés y usura y haz dañado a tus prójimos, extorsionándolos y de mí te has olvidado. Declara el Señor Dios."

Ezequiel 22:12

Celos de madre

Llega la novia a mi casa junto a su suegra. la suegra fue la que sacó el cheque para pagar parte de mis servicios. La suegra quería estar al tanto de todo sobre la boda. Muy simpática y cooperadora.

Llegó el día de la boda. Yo tenía varias personas a las que arreglar ese día, incluyendo a la suegra.

Las maquillé a todas, me faltaba ella para terminar. Me suena el teléfono, era ella y me dijo: - Qza te voy a mandar el dinero mío por ATH Móvil, pero no podré llegar donde ti.

Yo apagué el teléfono y le dije a la novia: - me voy porque tu suegra no se va a maquillar.

Sorprendida, me dijo: - Queeeeeeee!, Espera un momento. Llamó a su suegra y ella le dijo que no asistiría a la boda.

La novia solo le preguntó: - ¿Y los documentos del Registro Demográfico?

La suegra le dijo: - no sé dónde están. Y colgó el teléfono.

Ella respiró hondo, llamó a la coordinadora y le preguntó: - ¿yo puedo casarme, aunque no tenga los papeles del Registro Demográfico?

La coordinadora le dice: - te llamo rápidito. Ella llegó a la habitación y le dice: - vamos a hacer un simulacro de que están firmando y mañana vamos temprano al Registro Demográfico, ¡tranquila!

Después me dice: - Qza, retócame que yo no voy a llorar más.

Luego me enteré que así mismo hicieron y la suegra se perdió la boda de su *único* hijo.

PENSAMIENTO

La suegra se puso a competir con la novia. A veces nos aferramos a nuestros hijos y no aceptamos sus decisiones. Espero no ponerme así cuando se case mi hijo, Amar.

"Todos tus hijos serán enseñados por el Señor, y se multiplicará la paz de tus hijos."

Isaías 54:13

Reparo

Llega a mí, esta chica madura, quizás algunos 35 años de edad y totalmente tímida. Ella llegó a la cita de la prueba con un niño de 9 años y con un varón. Éste me dio un "look" totalmente de "gay".

De hecho, él me dijo cómo maquillarla y lo que él quería de peinado y también fue él, quien pagó el arreglo.

Yo le pregunté: ¿tú eres el coordinador de la boda? Y él me dijo: - No, yo soy el ex-esposo, el papá del nene, y soy homosexual. Yo quiero que ella se vea bella, ella es la única mujer que yo he amado y se merece lo mejor del mundo. Ya que yo no pude.

El día de la boda él se encargó junto a su nueva pareja de decorar toda la boda y de hacer el bizcocho.

PENSAMIENTO

Me demostró mucha valentía y mucho amor hacia la chica. Lo admiro porque también aceptó el daño y trató de aportar en algo para hacerla feliz.

"Quien encubre su pecado jamás prospera; quien lo confiesa y lo deja, halla perdón".

Proverbios 28:13

El ensayo

10 años de novios, una década completa, se conocen desde niños. Lograron comprar una casa, ya que tenían sus buenos trabajos.

La chica inteligente, bella y trabajadora. Él, de apariencia muy tranquila. Recuerdo que ella se compró un traje económico, un velo bien sencillo y una flor que compró el mismo día, de hecho, bien fea. No quiso prueba de maquillaje y peinado. Lo menciono porque la mayoría siempre quiere probarse distintos peinados, y/o ver las diferentes opciones.

Llegó el día de la boda, ella me dice, hazme lo que te dé la gana. Le hice un moño sencillo y el maquillaje bien natural. Ella se casaba en el mismo local de la recepción y la ceremonia iba a ser celebrada por un juez. A los 9 meses me llama para decirme que le hiciera una prueba de maquillaje y peinado. Me enseñó fotos de como quería lucir. Esta vez tenía un traje hermoso de encajes, un tocado espectacular y un velo tipo mantilla. Se iba a volver a casar, pero con otro. Me enteré que le va súper bien y ya *ampliaron* la familia.

Yo le llegué a preguntar si ella estuvo enamorada del otro.

Y ella me dijo *NO*, pero que por los años de novios y de conocidos ella no podía *negarle* esa oportunidad.

PENSAMIENTO

¡Qué bueno que lo intentó todo! para que no haya arrepentimiento.

"Hermanos, yo mismo no pretendo haberlo ya alcanzado; pero una cosa hago: olvidando directamente lo que queda atrás y extendiéndome a lo que está delante."

Filipenses 3:13

Coming to America

Esta novia me la refirió una coordinadora, me contrató para su boda, pero la boda fue cancelada porque su novio terminó con ella.

Ella se muda a los Estados Unidos, conoce a su novio de nacionalidad africana y deciden casarse en Puerto Rico, 2 años más tarde.

Cuando por fin la conozco personalmente, fue para su prueba de maquillaje y peinado, lo que llaman en inglés, el "trial". Me estuvo raro que cargara con su vestido de novia. No es necesario para la prueba, con una foto basta. No paró de hablar de su vestido de novia, ni de la marca, que era muy costoso. Habló de que los invitados se quedarían enamorados de su traje. También me comentó que la familia de su novio africano le había enviado un traje de novia folklórico de África.

Ella me dice que jamás se pondría un traje de esos tan ridículos. Yo le comenté: - te lo deberías poner para que agrades a su familia; cumples con ellos y en la recepción te cambias. Vas a impactar más cuando te cambies. (Eso lo hacen los hindúes).

Me dijo; - nena no, mi traje es bello, él me tendrá que hacer el amor con el traje puesto. Con lo caro que me costó, no me lo pienso quitar en toda la noche. Yo no insistí más.

Llegó el día de la boda, fui a un hotel muy reconocido en Condado, donde ella se quedaba con su mamá. El novio y su familia también se hospedaban en el mismo hotel, ya que ahí era la recepción.

La coordinadora llegó a la habitación para acordar los últimos detalles de la boda. Le dijo; - el brindis lo hará el padrino en inglés y africano. La madrina en español.

Ella dijo: Por favor, que no hablen africano.

La coordinadora le dejó saber que el chef hizo postre de receta africana para agradarlos. Ella comenzó a incomodarse. Por último, la coordinadora le dice que después de bailar el vals pondrán una música africana para que ellos bailaran también. Ella dijo que no, y preguntó; a quién se le ocurrió.

La coordinadora le respondió; - Mi amor, al novio. Recuerda que ellos son los que están pagando.

La novia cogió el teléfono, llamó a su novio y discutieron en inglés y colgó.

Yo me metí en lo que no me importa y le dije; - Si no quieres intercambio cultural, ¿Por qué no te casas con un negro de Loíza?

Terminé mi trabajo allí, pero ella me había contratado para retoque después y durante la boda. Así que, bajé para ir a la iglesia a esperar allí. Cuando bajé al "lobby" del hotel estaban todos los africanos con sus vestimentas típicas, parecía la película de Eddie Murphy, "Coming to América". Faltaba el león. Todas las personas estaban asombradas por sus vestimentas. Recuerdo un grupo de militares y un grupo de asiáticos que no paraban de tirar fotos.

De verdad, yo dije en mi mente: -¡Que brutales se ven!.

Llegué a la iglesia católica, muy cerca de allí, y me senté en el último banco de atrás. Los africanos estaban sentados en la sección del novio. ¡Qué mucho llamaban la atención de todos los invitados!

Llegó la novia y cuando entra, los africanos gritaron "Ay ya ya yai ya ya yai".

La novia miró hacia los lados, como con ganas de que la desaparecieran.

Yo, atrás, lloraba de la risa. No podía contenerme.

Eso del grito era parte de la tradición. ¿Quién podría impedírselos?

Una vez en la recepción NADIE le hizo caso a la novia, ni aun su propia familia. Todos se tiraban fotos con los africanos, e inclusive le decían a ella: "Contigo no, con ellos."

PENSAMIENTO

Demasiado egoísta. Ella solo quería vestirse de novia para casarse. Nunca más supe de ellos.

"No hagan nada por egoísmo o vanidad más bien, con humildad consideren a los demás como superiores a ustedes mismos."

Filipenses 2:3

Ironía

Desde el día que vi a esta novia, no se expresaba bien de su suegra. Lo mismo que tiene de bella, lo tiene de superficial. Me dijo que su mamá se pondría un traje verde, pero que el de su suegra no lo sabía porque ella quería hacerlo ella misma. Se burlaba de cómo quedaría ese traje.

El día de la boda, maquillé a toda su familia y ella me dice; - Qza, si da tiempo, puedes ir a la habitación de mi suegra por favor, porque a ella no le da la gana de subir. Le dije: tranquila, cuando termine yo bajo rápidito. Lo que hice fue que envié una de mis asistentes, para que fuera bregando con el cabello de la señora. Luego bajé yo. Cuando llegué allí, el cuadro era completamente contrario a lo que me imaginaba con tanto comentario negativo.

La señora era una persona pasado los 70 años, era una persona extranjera e impedida de sus pies. Una señora sencilla, tímida, agradable y muy católica. En el cuarto se respiraba paz.

Cuando estamos terminando con el arreglo, llega el novio con sus dos hermanos. El novio se arrodilla frente a su madre y le *besa los pies*. Mientras tanto, los otros dos parados detrás de él con sus posturas firmes. El novio llorando le dice a la mamá: - Madre, bendíceme, que me voy para la iglesia. La madre le da la bendición y le dice: - No llores, hoy es el día más feliz de tu vida. Te casas con la mejor mujer. Con la mujer de tu vida.

PENSAMIENTO

En el transcurso de planificar una boda por alguna razón las novias se ponen"bridesilas" a pesar de joder tanto con el traje entre los novios había amor de sobra.

"Honra a tu padre y a tu madre, para que tus días se alarguen en la tierra que el Señor tu Dios te da."

Éxodo 20:12

39

La Excusa

Tres años de novios. Pusieron la fecha el día del compromiso. Compraron la casa. Me contrata la chica y me dijo que compró su traje, que era hermoso y que le gustaría que yo fuera a la casa a ver el traje para así saber que le haría en su maquillaje y su peinado. Así hice.

Acercándose el día de la boda, decido llamarla para ponernos de acuerdo en la hora exacta y demás. Ella me dice: "Qza, mi novio se partió el pie y **tuvimos que cancelar** la boda porque él no quiere salir con un yeso en todas las fotos. También quiere disfrutarse la boda por completo. Yo me preguntaba, ¿cuánto tiempo uno está con un yeso?

A la chica la tenía que seguir viendo porque trabajaba en un lugar que yo frecuentaba. Pasaron los días, meses y años, nunca se casó con él o nunca le quitaron el yeso. Jajaja.

Como ocho años o más, me llama para separar la fecha de su boda. La maquillé y se casó con un hombre excepcional y tienen hijos.

PENSAMIENTO

Las excusas que usamos para no dar la cara, para no decidir. Siempre queremos que decidan por nosotros.

"Porque no nos ha dado Dios Espíritu de cobardía, sino de poder, de amor y dominio propio."

2 Timoteo 1:7

Quita y pon

Cuando sucedieron los ataques del 911, reclutaron muchas personas para lo que decimos "ARMY". Muchos comenzaron a casarse con sus novias. Al parecer tienes más beneficios al estar casados. No sé.

Mi amiguita Laura, por decir un nombre, se casó con su novio de solo 4 meses de noviazgo.

Poco tiempo después a él lo activan y se fue para Estado Unidos, quedando ella viviendo en Puerto Rico en los bajos de la casa de su suegra. Mi amiguita en ese tiempo cambió para un trabajo mejor, donde podía practicar lo que había estudiado aparte que iba a tener mejor salario.

Ahí, en ese trabajo **se volvió a enamorar**, pero de su jefe.

Cuando su esposo regresó, ya ella no vivía en los bajos de su suegra. Convivía con su nuevo amor.

PENSAMIENTO

Pienso que mi amiga toma decisiones muy precipitadas. No fue el ARMY la separación, sino la falta de compromiso.

"Y si alguno de vosotros tiene falta de sabiduría, pídala a Dios, el cual da a todos abundantemente y sin reproche, y le será dada."

Santiago 1:5

La actriz

Ella bien linda, cabello largo negro, espejuelos, una carita de nena buena.

Él, ingeniero reconocido, con dinero y muchos contactos.

Dos años de novios, se casan y van a la luna de miel en Europa.

A los dos meses ella decide viajar con sus amigas a New York. Allá en New York, de "casualidad", ella se encuentra a su ex-novio.

Regresa a Puerto Rico. El esposo tiene que trabajar por un tiempo los turnos de madrugada y como buen esposo llamaba a su amada a mitad de la noche para saber que se encontraba bien, ya que ella se encontraba sola.

Así lo hizo como cuatro días y ella le contestaba **con voz de "dormida"**. "Si mi amor, aquí todo bien, estoy casi dormida."

Para su sorpresa, el esposo llamó a la policía ya que él había puesto un GPS en la guagua de su esposa y le reportaban que estaba en otra dirección. Fue y reportó el robo y él llega a donde está la guagua junto con la policía, para que arrestaran a los ladrones del vehículo.

Y allí en esa casa se encontraba la esposa con su ex-novio. ¡Ellos eran los ladrones! Que casualidad.

PENSAMIENTO

Lamentablemente, pienso que ella siempre estuvo con su ex-novio. Solo duraron 6 meses de casados.

"Los labios mentirosos son abominación a Jehová; pero los que hacen verdad son su contentamiento."

Proverbios 12:22

Barriguita llena, corazón contento

Dos mejores amigas casándose con dos mejores amigos.

Eran bien bellas, pero una pesaba como 325 libras y la otra como 400 libras. Se maquillaron iguales, se peinaron iguales, se vistieron iguales. Los mismos trajes gigantes con las coronas, los mismos zapatos y las mismas prendas. ¡Todo, todo igual! Lo único que cambiaba eran los novios.

Este tipo de boda son las más ridículas que pueden celebrarse.

Pero ellas estaban **felices**, eran bien **alegres**. En el cuarto tenían mucha comida y mucha bebida.

Terminé de arreglarlas y las ayudé a vestirse porque a pesar de que los trajes parecían sábanas se les hacía incómodo. Me tardé más de lo que imaginé, y se me hacía tarde para arreglar a otra clienta, que tenía que ir a una boda.

¡Pasé un trabajooooooooooo!... porque a pesar de que los trajes eran gigantes, les apretaban.

Les ayudé a ponerse las prendas, pero cuando les fui a poner el collar a la más gordita no le sirvió, como por 8 pulgadas para poder cerrar el collar.

Entonces, la otra gordita se sacó una cadena que tenía en su pierna, para empatar el collar. Se lo pusimos y con el cabello le tape el empate.

Yo estaba llorando de la risa, ya tenía dolor de barriga por estar aguantando. ¡Qué malo es esoooooo!

Llegué tarde donde la chica que me esperaba, y le conté esta misma historia que me pasó con las gorditas. Para mi sorpresa, ella era la sobrina de una de las dos gorditas.

Jajajaja... ¡Me muero!

PENSAMIENTO

Si no se han muerto de diabetes, de los triglicéridos o de preclamsia en los partos, Deben de estar felices, porque ellas eran bien alegres y cuando uno come mucho y rico está feliz, pero... jajaja ¡Y ustedes digan algo!

"He aquí, yo le traeré salud y sanidad; los sanaré y les revelaré abundancia de paz y de verdad."

Jeremías 33:6

Confirmación

Jóvenes. 18 años ella, 19 años él. Cristianos.

Cuando ella llega donde mí para hacer su prueba, él fue con ella.

Y yo le pregunté a ella, **¿él es cristiano igual que tú?**

Ella me dijo: **Claro**. Y Dios **nos confirmó** nuestra relación por medio de mi pastor y de un evangelista.

Ese día fue que yo supe sobre ese tipo de confirmación en el amor. Yo pensaba que uno escogía y Dios ayudaba.

La niña era bella, hermosa y en su cara tenía un brillo que solo da la inocencia.

Llegó la boda. Ella tenía mucha ilusión de su gran día.

Se casaron, una boda hermosa.

Dos semanas más tarde me encuentro con la madre de la novia y le dije: consígueme fotos de la boda para mi portafolio. Ella me dijo con lágrimas en sus ojos que ya su hija no estaba con ese hombre y que están haciendo todo lo posible por anular el matrimonio. Ella notó que a mí se me aguaron los ojos quizás por ver en ella el sufrimiento que estaba pasando. Entonces me contó que el novio la violó en la luna de miel al ella no estar preparada. La golpeó tan fuerte que le rompió dos costillas. Cuando llegaron ella fue directo al hospital donde también hizo una denuncia. Yo le pregunté, ¿pero él no era cristiano?

La novia le contó a su madre que él para violarla usó versículos bíblicos.

PENSAMIENTO

¿Dónde están esas personas que en el nombre de Dios le confirmaron esa relación?

"Esposos, amen a sus esposas, así como Cristo amó a la Iglesia y se entregó por ella."

Efesios 5:25

Sin la soga y sin la cabra

Dos años de novios, diez años de casados, tres hijos.

En apariencia la mejor pareja, digna de admiración.

Viajes, posición económica lo que se deduce que es una pareja rica. El esposo, guapo, negociante, con dinero. Ella emprendedora, guapa e inteligente.

A pesar de su larga relación y su buena comunicación, la chica comenzó a sentirse incomoda con las peticiones sexuales que su esposo le exigía.

Todos los viernes ellos quedaban en almorzar en distintos restaurantes. Un día el esposo no pudo llegar al encuentro. Ella reconoce a un ex-novio, compañero escolar y termina almorzando con él.

Allí en ese almuerzo se contaron sus vidas. Ella le dice al ex-novio que está **felizmente** casada.

Terminaron de almorzar se intercambiaron los "emails".

Días más tardes comienzan a enviarse emails y ella comienza a serle **infiel** a su marido.

Así estuvieron cuatro a seis meses, ella le confesó al esposo lo que sucedía.

El trató de evitar el divorcio, pero ella estaba totalmente **convencida** de que se quería divorciar para casarse con su nuevo galán ya que él un día le propuso matrimonio.

Se divorció de su esposo el 21 de febrero y su galán se casó con otra chica, el 8 de marzo y ella se enteró por la red social de Facebook.

Continuará...

PENSAMIENTO

El ex apareció para darle las fuerzas y la excusa que ella no encontraba para dejar a su marido.

Ella está "sola" todavía...

"Fíate de Jehová de todo corazón y no te apoyes en tu propia prudencia. Reconócelo en todos tus caminos, y el enderezará tus veredas."

Proverbios 3:5-6

Lo que se ve no se pregunta

Esta novia fue donde mí para hacerse la prueba de maquillaje, desconsolada. Un hombre le había escrito por mensaje que su novio era su amante de muchos años. Yo le dije que suspenda la boda. Ella me dijo que se lo contó al novio y él le dijo que eso fue una broma y que bloqueara a la persona y ella de boba así lo hizo. Esta novia nunca antes tuvo relaciones sexuales con nadie incluyendo su novio. Él había dicho que prefería respetarla hasta que se casaran, no hay problemas con eso. El problema está en que la he visto después de la boda y ya van 4 años de eso y él solamente la ha tocado 2 veces. Ahora se siente desdichada y ya ha comenzado a mirar para el lado, pero claro, sin atreverse a estar con nadie. Nunca se atrevió a encontrarse con el hombre que habló con ella, ni lo desbloqueó del teléfono.

PENSAMIENTO

Qué horror vivir con la duda o, mejor dicho, sabiéndolo todo sin poder decidir.

"Mas engañoso que todo, es el corazón, y sin remedio; ¿quién lo entenderá?"

Jeremias 17:9

La Green Card

Había terminado una relación tormentosa de más de cinco años. Era el mes de abril, mes de mi cumpleaños, me invitan a Saint Martin. Fui acompañada de mi amiga Joshira para ese tiempo usaba el pelo muy corto le había mencionado a Joshira que me hubiera recortado en Puerto Rico. Pasamos un día espectacular en la playa de Philishurg, en el lado holandés de Saint Martin, mi amiga me dice Qza, vamos a ver las tiendas de aquí. En eso nos encontramos en la barbería y ahí trabajaba el hombre que en 17 días de verlo yo decidí casarme con él.

Cuando me caso con él, llamé a mi mamá y le dije "¡mami me casé!" y ella me grito "¿con quiéeeeeen?"

Yo en mi mente decía la hice, me casé con tarzán. Tengo que decir que mi esposo era de la comunidad y religión Rastafari.

Yo le decía "Me comería un pescado" y él se iba con una lanza nadando y me lo traía "espetao" en la lanza, lo limpiaba y luego me lo hacía en un fogón que tenían allí toda la familia rasta, no teníamos nuestro propio baño era de todos y a mí me tocaba los martes lavarlo, cada mujer de cada rasta le tocaba un día.

Tengo que decir que odio los quehaceres del hogar.

Pero me gustaba esa aventura de estar allí sin preocupaciones mayores, como las que vivimos aquí. Me sentía como en un "camping" en Culebra. Pero pasó el tiempo, recuerdo que mi techo era de zinc y yo le pegaba los chicles en los rotos para que cuando lloviera no me mojara.

Un amigo mío y su esposa fueron a Saint Martin de vacaciones en crucero y nos encontraron. Él me dice: Qza, vamos a tu casa y yo lo llevé. No cabían en mi casa, era muy pequeña para cuatro personas adultas. Mi amigo y su esposa son un poco gorditos.

A mi amigo se le aguaron los ojos y me preguntó: "Qza ¿tu mamá ha venido aquí? Yo le dije: - "no, nunca."

Él recogió un dinero con su esposa y me lo dio, yo le dije que no, que yo estaba bien.

Él me dijo, nosotros llegamos a Puerto Rico en dos días, si tú quieres te compro un pasaje para que regreses.

¡Yo me quedé pensando, - wao, tan jodía me veo! Luego de tres años de seguir juntos, Máximo me dice: - Qza vamos a tener un hijo. Eso para mí no estaba en planes y él me insistía hasta que le dije que sí, nos dejamos de cuidar y salí preñá.

¡Lo mejor que me ha pasado!

Luego al año y medio de nacer mi hijo, mi mamá se enfermó en Puerto Rico de cáncer y decidí regresar, obvio, me traje a mi niño. Estuve tres meses hasta que mi mamá murió.

Comencé a **re-evaluar** mi vida a escribir las cosas que a Qza le gustan, esa lista fue de más de 30 cosas y escribí las que Qza tenía allá en Saint Martin, y esa lista solo fue de 3:

- estar con mi hijo,

- la playa

- y Máximo.

Yo pensé: -Mi hijo siempre estará conmigo, en Puerto Rico hay playas y otro macho lo consigo por allá.

¡El "camping" estuvo chévere, pero en un "camping" Forever and Ever... nah!!

Luego volví a Puerto Rico y aquí estuve 6 meses más. Recibí una llamada de inmigración para los papeles legales de mi esposo. Aunque en mi mente tenía las diferencias claras que nos separaban, siempre mi intención fue hacerle la ciudadanía americana y quizás pensaba que aquí todo iba a cambiar.

Viajé hasta allá para darle la noticia y para mi sorpresa, él tenía otra persona viviendo con él. Eso no solo quedó ahí. La chica me contó que ellos llevaban más de 2 años juntos.

Los que me conocen saben mi reacción, me les cagué en @#$%^&*&>?<"{@#$%^& a él y a toda su familia.

Fui sola a inmigración y cancelé todo, ahora si viene, que venga nadando y de mi maíz, ni un grano.

Ahora no tengo ningún tipo de relación con él.

PENSAMIENTO

No vuelvo a abandonar quien soy, pero sí agradezco esa experiencia porque me volví a encontrar, porque ahora tengo mi pequeña familia que es: ¡Amar, mi hijo!

"Descendí a los cimientos de los montes; la tierra echó sus cerrojos sobre mí para siempre; mas Tú sacaste mi vida de la sepultura, oh Jehová, Dios Mío.

Jonás 2:6

1 CORINTIOS 13

Éste es el capítulo de la Biblia que más la gente usa para el día de su boda, pero sin entenderlo. En repetidas ocasiones sus versículos usan la palabra "amor". Esta palabra la vamos a cambiar por la palabra "Dios".

Una vez lo hagamos y lo tengamos en nuestra mente y nuestro corazón, ahí encontraremos algo azul.

La preeminencia del amor

1 Si yo hablase lenguas humanas y angélicas, y no tengo _____, vengo a ser como metal que resuena, o címbalos que retiñe.

2 Y si tuviese profecía, y entendiese todos los misterios y toda ciencia, y si tuviese toda la fe, de tal manera que trasladase los montes, y no tengo _____, nada soy.

3 Y si repartiese todos mis bienes para dar de comer a los pobres, y si entregase mi cuerpo para ser quemado, y no tengo _____, de nada me sirve.

4 _____ es sufrido, es benigno; _____ no tiene envidia, _____ no es jactancioso, no se envanece;

5 no hace nada indebido, no busca lo suyo, no se irrita, no guarda rencor;

6 no se goza de la injusticia, mas se goza de la verdad.

7 Todo lo sufre, todo lo cree, todo lo espera, todo lo soporta.

8 _____ nunca deja de ser; pero las profecías se acabarán, y cesarán las lenguas, y la ciencia acabará.

9 Porque en parte conocemos, y en parte profetizamos;

10 mas cuando venga lo perfecto, entonces lo que es en parte se acabará.

11 Cuando era niño, hablaba como niño, pensaba como niño, juzgaba como niño; mas cuando ya fui hombre, dejé lo que era de niño.

12 Ahora vemos por espejo, oscuramente; mas entonces veremos cara a cara. Ahora conozco en parte; pero entonces conoceré como fui conocido.

13 Y ahora permanecen la fe, la esperanza y _____, estos tres; pero el mayor de ellos es _____.

Juego de palabras para que definas tu relación

Escoge 3 palabras para describir tu relación:

♡ PERDÓN   ♡ FIDELIDAD

♡ RESPETO   ♡ TOLERANCIA

♡ CONFIANZA   ♡ ESPACIO

♡ INTIMIDAD   ♡ COSTUMBRE

♡ AFINIDAD   ♡ METAS

♡ COMPROMISO   ♡ TRASCENDER

♡ SEXO   ♡ DESEO

♡ QUÍMICA   ♡ DIÁLOGO

♡ AMOR   ♡ CRECIMIENTO

♡ DIOS   ♡ PACIENCIA

♡ AMIGOS   ♡ TIEMPO

Reflexión

Comienzo a escribir este libro muy enojada conmigo y aunque tenía todas las de perder también con Dios. Muchas malas palabras que para mí eran graciosas, pero en realidad las abrazaban algo más, dolor, envidia y desilusión. Había perdido la fe en el amor. ¡Todos los hombres son iguales!!!!!, así decía. Pero estaba tan ciega que no podía ver mis defectos y errores, de hecho, no me conocía. Suena raro, pero es así, NO ME CONOCIA, siendo la persona que vive conmigo. Mis palabras suenan locas, pero descubrí que uno actúa de una forma y por dentro hay algo que separa los pensamientos y acción.

Hoy puedo aceptar que tuve mucha culpa de lo que me ha pasado. Mi carácter es fuerte, soy demasiado engreída y como soy autosuficiente, alejo con mi actitud a todo aquel que tiene algo o un poco que aportar. Hoy tengo una nueva esperanza que no está puesta en nadie sino en mí. Aprendí a conocer y valorar mi virtudes y debilidades. Estoy conociendo a Dios poco a poco. Y mientras eso pasa no pierdo la fe que algún día llegará el galán que tomará mi mano, me la apretará y me dirá Qza te amo.

¿Quieres casarte conmigo?

Biografía

Julia Cristina Morales García, (Qza) es la hija menor adoptada de una numerosa familia. Se inclina desde pequeña a las artes. Comenzó como modelo profesional, pero su interés en el maquillaje la lleva a estudiar y prepararse en el campo de la belleza. Actualmente, es reconocida como una de las más destacadas artistas del maquillaje en Puerto Rico. Su trayectoria de más de 15 años en la industria de la belleza la ha llevado a obtener los más altos reconocimientos y premios tales como "Evening Fashion Makeup" en el "International Beauty Show" en la ciudad de New York y en el International "Makeup Championship" en Dusseldorf, Alemania.

En Puerto Rico, ha participado como maquillista para un sinnúmero de revistas, anuncios, campañas publicitarias, editoriales de moda y belleza, caratulas y videos. En el 2012, Qza nos presentó su DVD de maquillaje "Make U a Makeup PRO" dirigido a estudiantes y profesionales competidores de belleza. Es una entrenadora para competencias locales e internacionales. Qza también es madre soltera de un varón llamado Amar al que también le gusta el Arte. Actualmente, Qza es una de las más aclamadas maquillistas de novias, de esa experiencia con las historias de "AMOR" de sus clientas es que sale la idea de éste, su primer libro Y ALGO AZUL. Qza es también voluntaria del Departamento de Corrección y Rehabilitación de Puerto Rico, donde saca de su tiempo para visitar distintas cárceles de mujeres. Allí ofrece talleres donde se busca resaltar la autoestima de las confinadas. En sus ratos libres ella misma nos dice y cito, "Me gusta restaurar cosas viejas que la gente da por perdidas, así como Jesús hace con nuestras vidas." Le gusta la pintura, aunque no se educó en ese arte. Aun así, presentó una exposición de pinturas en maniquíes llamada "Mi Vida". Qza es poseedora de una personalidad capaz de llenar un gran espacio no solo físico sino en cada corazón. Extremadamente alegre, talentosa, creativa y una mente privilegiada que con su tan llena agenda y todo lo que ha alcanzado va por más y ahora estudia Teología (interpretación bíblica). En resumen, Qza es maquillista, educadora, filántropa, pintora, escritora y teóloga. El Águila, como le decía su madre, nos presenta su pequeño pero grande libro con historias de "amor", arte, un poco de ella misma y la armonía perfecta que proviene de Dios.

Made in the USA
Columbia, SC
04 March 2021